AF363892

LA
MANIE DE L'INDÉPENDANCE,

OU

SCAPIN TOUT SEUL,

Monologue en Prose, mêlé de Vaudevilles;

PAR MM. MOREAU ET D....

Représenté, pour la première fois, à Paris, sur le Théâtre du Vaudeville, le 30 Ventôse an 12, (21 mars 1804).

~~~~~~~~~

A PARIS,

Chez Mad. CAVANAGH-BARBA, Libraire, sous le nouveau passage du Panorama, N°. 5, entre le Boulevard Montmartre et la rue St.-Marc.

AN XII. — (1804.)
~~~~~~~~~

PERSONNAGE.

SCAPIN.   M. *Carpentier.*

La scène est à Paris, dans uue maison à Scapin.

Le théâtre représente une chambre. A gauche des specta-
teurs, une bibliothèque ; auprès, une table couverte de li-
vres ; plus loin et du même côté, une fenétre grillée, don-
nant sur un jardin dependant de la maison de Scapin : un
gueridon près de la fenétre. De l'autre côté, en face, une
croisée donnant sur une rue isolée. Une malle remplie d'ha-
bits de comedie.

S'adresser, pour la partition des airs de *Scapin tout seul,*
ainsi que des autres pièces, à M. WEICK, chef d'orchestre
du théâtre du Vaudeville.

LA MANIE DE L'INDÉPENDANCE,
OU
SCAPIN TOUT SEUL.

SCÈNE UNIQUE.
SCAPIN, *avant d'entrer.*

Non, vous dis-je, c'est un parti pris : je veux enfin jouir d'une heureuse indépendance ; trinquons ensemble, avant de nous quitter. (*on entend le choc des verres*). A votre santé, embrassons-nous... Adieu.

SCAPIN, *entre et ferme la porte aux verroux.*

Enfin me voilà seul et libre : j'ai fait réunir dans ma maison tout ce qui peut m'être utile ; dans cette chambre tout ce qui peut m'être agréable, et je veux passer ici le reste de mes jours : j'y serai du moins à l'abri d'un monde injuste et trompeur. Mettons-là cette cassette, qui contient tout mon bien, (*il la pose sur le guéridon, près de la fenêtre*). Voilà bientôt un an que je suis possesseur d'une fortune honnête, et dieu merci, légitimement acquise : ma bonne tante, en mourant m'a laissé de quoi quitter le service ; mais cette fortune aurait été bientôt dissipée, si je n'avais pris enfin le sage parti auquel je m'arrête aujourd'hui.

Air : *C'est le meilleur homme du monde.*

> Avec raison je m'applaudis
> Quand je suis encor dans l'aisance,
> De m'éloigner de faux amis,
> Qui me fuiraient dans l'indigence.
> Tant qu'un homme est riche aujourd'hui,
> Dans sa maison la foule abonde ;
> Devient-il pauvre et sans appui,
> Il est seul au milieu du monde.

C'était à qui me tromperait le mieux, maîtresse, amis, parens : sans la gaîté de mon caractère, le chagrin se serait emparé de moi : mais ma philosophie m'en a préservé...... Scapin philosophe !. Eh ! pourquoi pas ? C'est une si belle chose que la philosophie.

Air : *Tenez moi, je suis un bon homme,* (d'Ida).

> Pendant le cours de cette vie,
> S'il faut rêver pour être heureux,
> Sans doute la philosophie,
> De l'homme doit combler les vœux,

Les philosophes que l'on fronde
Doivent être des bienheureux,
Puisqu'on prétend que dans le monde
Personne ne rêve plus qu'eux.

Oui, je le répète, je quitte un monde où l'on ne peut être qu'esclave ; je veux me débarrasser des intrigans, des coquettes, des grands qu'il faut flatter, des valets qui flattent sans cesse, des ingrats qui nous trahissent, des fourbes..... Des fourbes ! qui peut les juger mieux que moi !

Air : Des fleurettes.

J'ai fait dans ma jeunesse,
Mainte fois des faux pas,
Et la délicatesse
Eut pour moi peu d'appas.
J'ai vu souvent mes folies
Avoir un brillant succès ;
Et l'on n'oubliera jamais
Mes *fourberies.*

Depuis ce tems-là, j'ai bien changé de conduite, et quoique riche par la succession de ma tante, j'ai voulu m'instruire, et réparer le tems que j'avais perdu dans mes différentes conditions ; je me suis jetté dans la littérature, et j'ai voulu me faire un nom dans la carrière dramatique... Un nom !.. Cela est si facile aujourd'hui.

Air : Voilà bien ces lâches mortels, (de Sterne).

Nous voyons le moindre rimeur
S'estimer l'égal de Voltaire,
Et de nos jours le nom d'auteur
N'offre qu'une gloire éphémère.
C'est un titre que maintenant
A peu de frais chacun se donne,
Et quand tout le monde le prend,
Il ne fait honneur à personne.

Que j'avais de raisons de m'éloigner de tous ces gens-là ! on deviendrait misantrope à moins.

Air De la contredanse de Hullin.

Si je compose avec succès,
Mainte satyre
Me déchire ;
Si je répands quelques bienfaits,
Ce sont des ingrats que je fais.
Si dans le sein d'une amie,
Je cherche à leur échapper,
Aussi fausse que jolie,
Elle est prête à me tromper.
Mais loin d'elle
Portant mes pas ;
Je fuis une belle

Infidelle ;
Préférant à ses vains appas
L'ami vrai qui me tend les bras.
De caresses il m'accable ;
Me donne les plus doux noms,
Quand Plutus m'est favorable
Et me comble de ses dons.
Mais combien le monde
Est trompeur !
Cet ami vrai, que Dieu confonde,
Va me fermer, dans le malheur,
Sa porte, sa bourse et son cœur.
Plus d'ami, plus de maîtresse ;
Sage et tout seul désormais,
Narguant leur fausse tendresse,
Ici je veux vivre en paix.
Plus de peine,
Libre et joyeux,
Indépendant, sans nulle gêne,
A la fin, j'ai selon mes vœux,
Trouvé le secret d'être heureux.

De peur qu'il ne me prenne fantaisie de sortir, il faut que dise à Marguerite ma vieille gouvernante, la seule que j'aie conservée, de fermer elle-même la porte de son côté... Mais si je lui parle elle ne m'entendra pas, la bonne femme est sourde. Ecrivons-lui... (*Il écrit*). « Attendu que je veux être entiè» rement libre, enfermez-moi bien à double tour, et quand » même je vous ordonnerais de m'ouvrir, ne m'obéissez pas. » SCAPIN ». J'apperçois Marguerite dans le jardin, faisons-lui signe de prendre ce billet... (*Il jette le billet par la fenêtre du jardin*). Mes livres seront désormais ma seule compagnie ; occupons-nous de ranger cette bibliothèque... Premier fruit de mes économies.

Aïr : *Femmes voulez-vous éprouver.*

Voltaire seul occupera
Ce rang, comme encyclopédiste ;
Mais avec raison il sera
Fort au-dessous du moraliste.
Rousseau, Buffon, couple charmant,
Seront réunis, je l'assure :
Ils ont fait à deux le roman
Et l'histoire de la nature.

Passons aux poëtes.

Aïr : *Oui ce Colinet*, (des Vendangeurs).

Racine, vraiment,
Va-t-il avant,
Après Corneille !
N'importe, ils iront,
Selon moi, tous les deux de front.

Pour boucher ce trou,
Garnier, Rotrou,
Feront merveille ;
Je mets au hasard
Panard,
Avant : après, Favart.
Je place au
Plus haut . Boileau,
Tout près de Lafontaine :
L'un par sa candeur,
De l'autre adoucira l'aigreur.
Molière ! Regnard !
Ah ! pour moi quelle bonne aubaine.
Mettons-les à part :
C'est la nature jointe à l'art.

Œuvres de madame Deshoullières. Quel esprit aimable !

Air : *Cacher la Femme sous des roses.*

La pastorale à la critique,
Offre sans doute mille traits ;
Et plus d'un auteur satyrique,
Sut l'attaquer avec succès.
Mais la gentille Deshoullière
Sait si bien varier ses tons,
Que le censeur le plus sévère
Revient toujours à ses *moutons.*

Mais quel amas de brochures !... Ah ! ce sont des ouvrages
nouveaux. Cela ne se *relie* pas, et c'est tout simple.

Air : *Vaudeville de l'Opéra-Comique.*

On compose si promptement
Un drame, une histoire, un poëme,
Que le relieur va souvent
Moins vite que l'auteur lui-même,
Rien aujourd'hui n'est retouché,
En écrits, ainsi qu'en lecture ;
Et ce que l'auteur a broché
Doit rester en brochure.

Une collection de satyres !.. Ah ! bon dieu !

Air : *De Molière à Lyon.*

Dans tous ces libelles dictés
Par la fureur et par l'envie,
Les satyriques déhontés
Ont recours à la calomnie ;
Mais s'ils osent tout censurer,
Qu'ils tremblent qu'on ne leur réponde :
On a le droit de déchirer
Ceux qui déchirent tout le monde.

(*Il les déchire*).

On voit entrer par la fenétre du jardin , une fléche à la-
quelle est attachée une lettre.

Que vois-je ! une flèche ! qu'est-ce que cela veut dire ! une
lettre y est jointe. De qui peut-elle être ? (*Il ouvre la lettre*).

Air : *De la cinquième édition ,* (Réné le Sage).

> J'aurais du voir que cet écrit
> Venait de la main de Lisette :
> Car c'est bien là , sans contredit ,
> Le messager d'une coquette.
> Une flèche est bien, en effet ,
> L'emblème de son caractère ;   .
> De même que Lisette, elle est
> Aussi piquante que légère.

Lisons la lettre. « Mon cher Scapin, je viens de recevoir
» la lettre par laquelle tu m'apprends que tu veux demeurer
» tout seul. Si j'ai quelque pouvoir sur ton esprit ou sur ton
» cœur, j'espère que tu renonceras à ce projet insensé. Je
» viens d'obtenir une place , pour jouer en chef l'emploi de
» soubrette, sur le grand théâtre de cette ville ; il manque un
» valet pour completter la troupe , je t'ai proposé ; on n'at-
» tend que ta présence pour te recevoir. Je t'engage à ne pas
» tarder. Ta fidelle LISETTE ».

Air : *Du vaudeville de la fille en loterie.*

> Cette Lisette là , je crois ,
> Malgré son emploi de soubrette ,
> Dans le monde , plus d'une fois ,
> A joué la grande Coquette.
> Abusant de ma bonne foi ,
> Et profitant de ma faiblesse ,
> Depuis long-tems , auprès de moi ,
> Elle est la Servante Maîtresse.

Non, mademoiselle Lisette ; non , je ne renonce pas à
mon projet. D'ailleurs , oserais-je paraître sur le théâtre ,
après cet acteur célèbre qu'on a si long-tems applaudi dans
le même emploi.

Air : *Vaudeville de l'Asthénie.*

> Malgré tous les talens chéris
> Qu'on voit briller dans cette ville ,
> Peut-on oublier à Paris ,
> Les grands succès qu'obtint Préville.
> Son jeu savant et séducteur ,
> Facilement a fait connaître ,
> Qu'à la mort de ce grand acteur ,
> Les valets ont perdu leur maître.

Vîte une réponse à Lisette. (*Il écrit*). « Mademoiselle ,
» je vous remercie de la peine que vous avez bien voulu
» prendre , pour me faire avoir un engagement ; mais je per-

» siste dans ma résolution, et je suis décidé à fuir tout ce qui
» pourrait m'attacher à la société ». Servons-nous du même
moyen pour lui envoyer ma réponse. (*Il attache sa lettre à
la flèche qu'il lance dans le jardin*). Ah ! j'espère qu'après
ce refus positif, mademoiselle Lisette voudra bien ne plus
s'occuper de moi, et me laisser en paix dans ma solitude. La
solitude... il n'y a que les sots qui la craignent.

Air Si Dorilas, etc.

> Pour mieux se livrer à l'étude,
> Fuyant le monde et ses travers,
> Dans le fond d'une solitude,
> On peut étonner l'univers.
> Un grand homme, l'on doit m'en croire,
> Essaye envain de se cacher :
> Dans son réduit il fuit la gloire ;
> Mais la gloire vient l'y chercher.

Quant à moi, je n'y prétends plus. Mais pour employer
mon loisir, je veux me livrer à quelques arts d'agrément, à
la peinture, à la musique... Oui, c'est un parti pris, j'embé-
lirai ma solitude en cultivant les arts, et je renonce pour
jamais à l'intrigue. (*Regardant la cassette*). Mais cette
cassette remplie d'habits de caractère, pourrait me rapporter
une somme considérable ; ma foi, c'est assez bien pensé. Ven-
dons ces habits. Je ne veux plus jouer la comédie ; je n'aurai
pas de peine à m'en défaire, il y a tant de personnes qui la
jouent dans le monde. (*Il ouvre la cassette*), et ces habits-
là conviennent à tant de gens.

Air : Une fille est un oiseau.

> Je vends l'habit du Menteur
> A maint journaliste habile ;
> A maint vieillard de la ville,
> Je vends l'habit du Grondeur ;
> A maint usurier barbare,
> Je vends celui de l'Avare ;
> Plus d'un poëte
> M'achette
> Mon habit de Trissotin ;
> Pour maint Crésus qui projette,
> Ma grande livrée est faite ;
> Et plus d'un mari benin
> Me prend mon Georges Dandin.

Habit complet de Figaro. Oh ! quant à celui-ci, chacun
sait à qui il appartient de droit.

Air : J'ai vu par-tout dans mes voyages.

> Le public que le goût éclaire,
> Chaque jour sait apprécier

(9)

Celui qu'à son heure dernière,
Préville en a fait héritier.
De cet acteur que chacun cite,
Les vœux doivent être accomplis,
Et l'héritier de son mérite,
Doit l'être aussi de ses habits.

On entend battre le tambour dans la rue.

Mais qu'entends - je dans cette rue isolée ! le bruit d'un tambour ! Allons voir ce que c'est. (*Il va à la fenêtre*). Ah ! ah ! c'est un objet perdu, une boîte d'or avec un portrait de femme que l'on cherche ; en vérité on ne trouve que des gens qui cherchent.

Air nouveau.

Damon cherche du crédit,
Damis cherche une cruelle ;
L'un cherche un ami fidèle,
Plus d'un cherche de l'esprit ;
L'un pour un hymen sortable
Cherche femme raisonnable ;
L'autre un procureur traitable,
Qui ne double pas les frais.
Mais par malheur, dans le monde,
Ces gens cherchent à la ronde,
Ce qu'on ne trouve jamais.

Il y a tant de fripons qu'il ne faut pas se fier à la mine. Eh ! mais, à propos de fripons, ne vois-je pas là-bas un de mes anciens camarades ! Je ne me trompe pas, c'est ce coquin de Silvestre, le maladroit valet du seigneur Octave. Il m'apperçoit, eh ! oui ; c'est moi ! Tu ne reconnais pas Scapin... Ah ! tu sais mon histoire ... Que fais-tu maintenant à Paris ?... Tu te mêles encore d'intrigues... Quoi tu voudrais m'engager dans de nouvelles fourberies. Non, non, j'y ai renoncé.

Air : De la belle Fermière.

Depuis long-tems, j'ai reconnu
Les tourmens que donne l'intrigue,
En tous tems elle m'a valu
Moins de profit que de fatigue.
C'est toujours un bon appui ;
Mais l'intrigue, mon ami,
Ne peut rapporter aujourd'hui
Qu'une gloire bien frêle,
Presque tout le monde s'en mêle.

Air : La fille au coupeur de paille, ou ronde de Rabelais.

L'un intrigue avec adresse
Pour quelque poste éminent ;
L'auteur intrigue une pièce ;
Femme intrigue son amant.

2

Nous voyons maintenant,
Intrigues de toute espèce,
Et qui, le plus souvent,
Ne vont pas au dénoûment.

Tu n'as besoin que de mes conseils, cela change la thèze. Je sens que mon audace se réveille et que l'esprit d'intrigue l'emporte sur la résolution que j'avais prise de ne plus me mêler de ces sortes d'affaires; on a bien raison de dire :

« Chassez le naturel, il revient au galop. »

Instruis-moi de ton projet. Je veux bien encore te servir de croupier, à condition cependant que je ne sortirai point d'ici, et que nous partagerons.. De quoi s'agit-il ? Faut-il duper, un barbon crédule, écarter un mari, se venger d'un tuteur, arracher une dot?.. Oui... Ah! c'est cela, j'ai deviné : je te reconnais-là, Silvestre. Nous avons fait de bons coups ensemble autrefois ; mais nous n'avons plus le génie qui nous inspira. Bon, je comprends; ah çà, tu demandes comment faire pour attraper l'argent de celui que vous voulez duper?. Rien de plus facile, êtes-vous plusieurs ?... Oui... Notre ami Carle est avec toi, c'est bon ; il n'est pas maladroit. Après avoir gagné les domestiques à force d'argent, que l'un de vous fasse causer le quidam, pour détourner son attention; que pendant ce tems là, l'autre se glisse à l'endroit où est renfermé le trésor. Tu m'entends bien; notre dupe ne se doute de rien, cependant il entend quelque bruit. (*Pendant cette tirade, on voit enlever par l'autre fenêtre, la cassette que Scapin a posée sur le guéridon*). Ciel! que vois-je ? ce coquin de Carle qui emporte ma cassette. Au voleur... au voleur... Marguerite.... Marguerite.... (*A l'autre fenêtre*). Silvestre... Silvestre... Les frippons sont d'intelligence. Ils ouvrent la porte... Les voilà partis... A la garde... Courons du moins après eux. (*Il court à la porte du fond*). Ah! ciel, j'oublie que je me suis fait enfermer; Marguerite.... Peste soit de la sourde... Je suis ruiné.

Air : *Je n'aime pas une grille.*

Je perds tout en cet instant ;
J'ai la terreur qui m'agite,
Que ne puis-je en ce moment,
Me faire ouvrir au plus vite ;
Mais pour courir à sa poursuite,
Je voudrais sortir vainement (bis).
Ah! dans l'ardeur (3 fois) qui me transporte,
Je sais (bis) bien pourquoi,
Je n'aime pas une porte
Entre le voleur et moi.

Ah! malheureux Scapin! coquin de Silvestre; le traître ne me faisait causer que pour donner à Carle le tems de me voler. Voilà où m'ont conduit mes beaux projets. (*Ironiquement et en enrageant*). Au reste, puis que je suis philosophe, je dois supporter monmal sans me plaindre. Ah! sot que je suis, et que volontiers, je me souffleterais. Il n'est plus qu'un moyen... Courons chez mes amis... Mes amis, et je n'en ai plus; dans mon projet d'indépendance, ne les ai-je pas congédiés. Ah! c'en est fait, plus d'espoir!

Air : *Vaudeville des Visitandines.*

> Hélas! dans le siècle où nous sommes,
> A quoi bon prendre tant de soins!
> Le plus sage est, parmi les hommes,
> Celui qui s'en doute le moins (bis).
> Se croire heureux, n'est-ce pas l'être!
> Ah! je le vois bien en ce jour,
> On perd le bonheur et l'amour
> En cherchant trop à les connaître.

A peine à-t-il fini qu'on entend chanter dans le jardin, le couplet suivant

Air : *d'une Folie.*

> A l'espérance du bonheur,
> Ami, tu peux ouvrir ton ame,
> Toujours l'accent de la douleur
> Appaisa le cœur d'une femme.
> De tes maux, pour finir le cours,
> Lisette vient à ton secours.

Qu'entends-je c'est Lisette! (*Il court à la fenêtre du jardin*). Eh! quoi, après tous mes torts, tu viens encore me consoler... Tu ne veux pas que je parle de cela... Ah! combien cette conduite m'humilie... Que je plains ceux qui ne savent pas apprécier les femmes.

Air : *des deux Hermites.*

> Dans leur cœur, un doux sentiment
> Remplace bientôt la colère (bis):
> Ah! malheur au célibataire,
> Malheur à l'homme indépendant!
> Sitôt que sur notre ame
> Le chagrin pèsera,
> Qui le diminuera!
> Qui nous consolera?
> Une femme.

Plaît-il, ma chère Lisette!.. Tu me demandes si je suis bien corrigé! Oh! sans doute, et la leçon est assez bonne pour ne pas l'oublier... tu ris... Tu veux que je te donne ma parole d'honneur de ne pas recommencer... Je te la donne de bon cœur... Comment... Quoi... Que dis-tu?... je ne peux pas te croire... C'est impossible... Si c'était vrai, j'en mourrais de plaisir... Achève de m'instruire... Ah ! j'en deviendrai fou... La preuve... Comment c'est toi qui as conduit toutes ces fourberies... Silvestre était d'intelligence avec toi , et je ne suis ruiné qu'en imagination ! Oh ! bonheur ! oh ! trop heureux Scapin ! N'importe, tu m'as fait sentir la folie de mon projet. Oui, l'indépendance , est une chimère , et l'on est trop heureux d'être esclave, quand on l'est d'une femme comme toi. Viens vîte m'ouvrir : c'est quand on a long-tems été seul , qu'on sent plus vivement le plaisir d'être deux.

VAUDEVILLE FINAL.

Air : *De la walse sautée.*

La vie à nos yeux
Offre l'image
D'un voyage :
Pour qu'il soit heureux,
Tout nous dit qu'il faut être deux.

En vain ,
L'homme vain ,
Guidé par son esprit volage ,
Sous un joug léger ,
Veut éviter de s'engager.
Par leur art divin ,
Les femmes
Captivent nos ames :
Il faut qu'à la fin
Chacun répète ce refrein.

La vie à nos yeux
Offre l'image
D'un voyage :
Pour qu'il soit heureux ,
Tout nous dit qu'il faut être deux.

Quel est le bonheur
De l'austère
Célibataire ,
Et dans la douleur ,
Qui viendra soulager son cœur.
Peut-on éviter
Les maux dont la vie
Est remplie !
Pour les supporter
Le plus sage est de répéter.

La vie à nos yeux

Offre l'image
D'un voyage ,
Pour qu'il soit heureux ,
Tout nous dit qu'il faut être deux.

L'auteur est tremblant
Pour le succès de son ouvrage :
Un heureux présage ,
En un instant
Le rend
Content.

L'acteur a grand peur
Que sa peine ,
Aussi ne soit vaine ;
Par un bruit flatteur ,
Rassurez l'acteur et l'auteur.
Et quoi qu'à vos yeux
Scapin s'offre tout seul en scène ,
Pour combler ses vœux ,
Ayez de la bonté pour deux.

FIN.

De l'Imprimerie de HOCQUET et Comp. , rue St.-Lazare , N. 110,
maison Ruggieri.

SUPPLÉMENT AU CATALOGUE

De Madame CAVANAGH.

In-Octavo.

Prophétie contre Albion , par *Ch. Nodier* , auteur des Pros-
   crits , du Peintre de Saltzbourg, etc. brochure ,   6 s.
Voyage à la Martinique , 1 v. fig.   3 l.

In-Douze.

Amour et Psyché , poëme (l') 1 vol. fig.   2 l.
Duchesse de la Valière (la) 2 v.   5 l.
Éloge de l'ivresse , 1 v. fig.   1 l. 10 s.
Fables de Lafontaine , 1 gros vol.   2 l. 5 s.
Miroir de l'enfance (le) 1 vol. fig.   1 l. 10 s.
Théophile de Solincourt, ou la Vertu sacrifiée, 1 v.   1 l. 10 s.

In-Dix-Huit.

Amours de Manon la Ravaudeuse et de Michel Zéphir, avec
   le portrait de Brunet en danseur ,   -   15 s.
Espion de Paris (l') 1 v. fig.   15 s.
Nouvelles galantes et critiques , 4 vol. fig.   4 l.
Rencontre au foyer Montansier , 1 vol. fig.   15 s.

ANA avec figures.

Angotiana , avec le portrait de Corsse
Brunétiana , avec le portrait de Brunet dans Jocrisse.
Comédiana.
Cricriana , avec les portraits de Tiercelin et de Brunet.
Encyclopédiana.
Fontenelliana.
Gasconiana.
Grivoisiana , par Martinville.
Guéres de trois, suite d'Angotiana et de Brunétiana.
Harpagoniana.
Ivrogniana [vient de paraître.]
Jocrissiana.
Merdiana, ou Manuel des Chieurs, suite de l'Almanach des
   Gourmands.
Moliérana.
Poissardiana.
   Tous ces Ana se vendent 15 s. le vol. [par collection].

PIÈCES DE THÉATRE

Du fond de Madame CAVANAGH.

Amant rival de sa maîtresse, opéra par Henrion et Piccini.

Brisquet et Jolicœur , vaudeville de Dumaniant et Servière.

Cadet Roussel chez Achmet , folie. Bosquier-Gavaudan.

Charbonniers de la Forèt Noire , (les) pièce à spectacle, par Sewrin , Servière et Lafortelle..

Clémence Isaure , ou les jeux floreaux , vaudeville , par Armand-Gouffé et Georges-Duval.

Cric-Crac , ou l'habit du Gascon , vaudeville , par Désaugiers et Jacquelin.

Jean-Bart , vaudeville, par Ligier , Servière et G. Duval.

L'Un après l'Autre , ou les deux Trappes , vaudeville, de Désaugiers et Francis.

Manon la Ravaudeuse, vaudeville , de Servière , Henrion et Désaugiers.

Médecin turc (le) opéra de Armand-Gouffé et Villiers, musique de Nicolò Isouard.

Mode ancienne et la mode nouvelle (la) , comédie en versdeGaugiran-Nanteuil.

Mot de l'Enigme (le) , vaudeville, de Chazet, Désaugiers et Lafortelle.

Ninon de l'Enclos , vaudeville , de Armand Ragueneau et Henrion.

Pistache , ou le Jour de l'an , vaudeville, de Francis et Désaugiers.

Seringa , ou la Fleur des Apothicaires , vaudeville , de Armand-Gouffé , G. Duval et T...

Un et un font onze, vaudevilie , de Villiers et Hector-Chaussier.

Vielleuse du boulevard , (la) , mélodrame , de Hector-Chaussier.

On trouve chez Mad. *Cvaanagh* , plusieurs Assortimens de pièces de théâtre , tant anciennes que modernes.

www.ingramcontent.com/pod-product-compliance
Lightning Source LLC
LaVergne TN
LVHW021601170726
843501LV00010B/3810